一八九六	十九さい	医師《いし》免許《めんきょ》取得《しゅとく》のため、上京《じょうきょう》して勉強《べんきょう》する
一八九七	二十さい	医師《いし》試験《しけん》に合格《ごうかく》する
一八九八	二十一さい	名前《なまえ》を清作《せいさく》から、英世《ひでよ》にかえる
一九〇〇	二十三さい	アメリカにわたり、ヘビの毒《どく》の研究《けんきゅう》をした論文《ろんぶん》に注目《ちゅうもく》が集《あつ》まる
一九一一	三十四さい	世界《せかい》ではじめて梅毒《ばいどく》の病原菌《びょうげんきん》の培養《ばいよう》に成功《せいこう》（のちに否定《ひてい》される）
一九一三	三十六さい	梅毒《ばいどく》の病原菌《びょうげんきん》を研究《けんきゅう》、ヨーロッパ各地《かくち》で表彰《ひょうしょう》される
一九一五	三十八さい	恩賜賞《おんししょう》受賞《じゅしょう》。日本《にほん》に帰国《きこく》、母《はは》と再会《さいかい》する
一九一八	四十一さい	エクアドルで黄熱病《おうねつびょう》を研究《けんきゅう》、ワクチンを開発《かいはつ》する
一九二六	四十九さい	ペルーでバルトネラ菌《きん》を研究《けんきゅう》。二つのちがう症状《しょうじょう》が、ひとつの病原菌《びょうげんきん》からおきることをつきとめる
一九二八	五十一さい	五月《がつ》二十一日《にち》、ガーナで黄熱病《おうねつびょう》にかかってなくなる

この本《ほん》について

『よんで しらべて 時代《じだい》がわかる ミネルヴァ日本《にほん》歴史人物伝《れきしじんぶつでん》』シリーズは、日本《にほん》の歴史上《れきしじょう》のおもな人物《じんぶつ》をとりあげています。

前半《ぜんはん》は史実《しじつ》をもとにした物語《ものがたり》になっています。有名《ゆうめい》なエピソードを中心《ちゅうしん》に、その人物《じんぶつ》の人生《じんせい》や人《ひと》がらなどを楽《たの》しく知《し》ることができます。

後半《こうはん》は解説《かいせつ》になっていて、人物《じんぶつ》だけでなく、その人物《じんぶつ》が生《い》きた時代《じだい》のことも紹介《しょうかい》しています。物《もの》語《がたり》をよんだあとに解説《かいせつ》をよめば、より深《ふか》く日本《にほん》の歴史《れきし》を知《し》ることができます。

歴史《れきし》は少《すこ》しにがてという人《ひと》でも、絵本《えほん》をよんで楽《たの》しく学《まな》ぶことができます。歴史《れきし》に興味《きょうみ》がある人《ひと》は、解説《かいせつ》をよむことで、さらに歴史《れきし》にくわしくなれます。

■解説《かいせつ》ページの見《み》かた

人物《じんぶつ》についてくわしく解説《かいせつ》するページと時代《じだい》について解説《かいせつ》するページがあります。

文中《ぶんちゅう》の青《あお》い文字《もじ》は、31ページの「用語解説《ようごかいせつ》」で解説《かいせつ》しています。

「もっと知《し》りたい！」では、その人物《じんぶつ》にかかわる博物館《はくぶつかん》や場所《ばしょ》、本《ほん》などを紹介《しょうかい》しています。

写真《しゃしん》や地図《ちず》など理《り》解《かい》を深《ふか》める資料《しりょう》をたくさんのせています。

「豆《まめ》ちしき」では、人物《じんぶつ》のエピソードや時代《じだい》にかんする基礎知識《きそちしき》などを紹介《しょうかい》しています。

よんでしらべて時代がわかる
ミネルヴァ 日本歴史人物伝

野口英世《のぐちひでよ》

世界にはばたいた細菌学者

監修 安田 常雄
文 西本 鶏介
絵 たごもり のりこ

もくじ

ミネルヴァ書房

おらも医者《いしゃ》になる

富士山《ふじさん》ににているので、会津富士《あいづふじ》とよばれている磐梯山《ばんだいさん》のふもとに水《みず》をまんまんとたたえた猪苗代湖《いなわしろこ》という大《おお》きな湖《みずうみ》があります。その湖《みずうみ》のほとりの小《ちい》さな村《むら》で、いちばんまずしいのが野口清作《のぐちせいさく》の家《いえ》でした。

父《ちち》の佐代助《さだすけ》ははたらくことがきらいで、ほとんど家《いえ》にかえらず、酒《さけ》ばかりのんでいました。そのため、母《はは》のシカは自分《じぶん》の家《いえ》の畑仕事《はたけしごと》はもちろん、よその家《いえ》の仕事《しごと》の手伝《てつだ》い、さらには湖《みずうみ》でとれた魚《さかな》の行商《ぎょうしょう》、とうげ道《みち》の荷物運《にもつはこ》びなど、なんでも引《ひ》きうけてはたらかねばなりませんでした。

清作《せいさく》が一さいのころのことです。家《いえ》には目《め》のわるい祖母《そぼ》と清作《せいさく》がまっていました。

「腹《はら》がへったろう。いま、まんまをつくってやるからな。」

いじこ（赤《あか》ちゃんを入《い》れるかご）に入《はい》っている清作《せいさく》の頭《あたま》をなでると、シカはいろりに火《ひ》をおこしてなべをかけ、汁《しる》にいれるなっぱをつみにうらの畑《はたけ》へ出《で》ていきました。そのときです。とつぜん、

「ぎゃあーっ。」

というさけび声《ごえ》がしたかと思《おも》うと、火《ひ》のついたような泣《な》き声《ごえ》がきこえてきました。シカはころぶようにして家《いえ》のなかへかけこみました。なんと、清作《せいさく》がいろりの火《ひ》に左手《ひだりて》をつっこんで泣《な》いています。シカは大《おお》あわてで清作《せいさく》をだきあげ、着物《きもの》についた火《ひ》の粉《こ》をはらいおとしました。清作《せいさく》はシカのあとを追《お》いかけようとしていじこからはいだし、いろりへころがりおちたのです。

（どうしよう。どうしたらいい……）

清作《せいさく》をかかえたままシカは台所《だいどころ》へいくと、火《ひ》ぶくれで赤《あか》くはれあがった左手《ひだりて》にみそをぬりつけ、布《ぬの》きれをぐるぐるにまきました。それから観音《かんのん》さまに手《て》をあわせました。

（観音《かんのん》さま、どうか清作《せいさく》をおまもりください。）

シカはその日《ひ》から夜《よる》もねないで、清作《せいさく》の看《かん》病《びょう》をつづけました。そのおかげでひと月《つき》ほどして、ほうたいをとることができました。やけどはほとんどなおっていました。でも、左《ひだり》手《て》の親指《おやゆび》は手首《てくび》のほうへまがってくっつき、ほかの四本《ほん》の指《ゆび》はてのひらにくっついたままで、まるで、すりこぎのようになっていたのです。

（あのとき、町《まち》の医者《いしゃ》に見《み》せる金《かね》があったらこんな手《て》にならなかったものを……）

シカはつくづくと、びんぼうのつらさを思《おも》いしらされました。

「ゆるしておくれ清作《せいさく》、これからは、どんなことをしてでも、おまえを一人前《いちにんまえ》の人間《にんげん》に育《そだ》ててみせる。」

すりこぎのようになった手首《てくび》を両手《りょうて》でにぎり、何度《なんど》も頭《あたま》をさげました。

シカは前《まえ》にもまして必死《ひっし》ではたらきました。そんな母親《ははおや》のおかげで、清作《せいさく》は元気《げんき》よく育《そだ》っていき、六さいで尋常小学校《じんじょうしょうがっこう》へ入学《にゅうがく》しました。日本《にほん》に小学校《しょうがっこう》ができて十年《ねん》ばかりたったころで、むかしの寺子屋《てらこや》みたいで、上級生《じょうきゅうせい》も下級生《かきゅうせい》もいっしょの部屋《へや》で勉強《べんきょう》しました。

「さあ、しっかり勉強《べんきょう》してくるんだよ。」

シカにはげまされ、はりきって入学《にゅうがく》したというのに、清作《せいさく》はすぐ学校《がっこう》がきらいになりました。手《て》がぼうのようになっているために、みなから「てんぼう」といわれ、「てんぼうでは魚《さかな》もとれない、すもうもとれない」と遊《あそ》び仲間《なかま》にもくわえてもらえませんでした。上級生《じょうきゅうせい》のなかには、

「てんぼう、びんぼう、おらと左手《ひだりて》でじゃんけんしろ。」

なんてからかうものもいます。

清作《せいさく》はくやしくて、ときどき学校《がっこう》のうらへ行《い》き、ひとりで泣《な》きました。学校《がっこう》へ行《い》かないで、授業《じゅぎょう》が終《お》わるまで外《そと》で遊《あそ》ぶこともありました。そんなある日《ひ》、清作《せいさく》はシカによばれて、正座《せいざ》させられました。

「清作《せいさく》、おまえがときどき学校《がっこう》に行《い》ってないこと、かあちゃん知《し》ってるよ。勉強《べんきょう》するのがそんなにいやなのかい。」

すると、清作《せいさく》はいいました。

「勉強《べんきょう》はきらいじゃないよ。でも、みんなおらのことを、てんぼうといって仲間《なかま》はずれにするんだもの。学校《がっこう》へ行《い》きたくないや。」

それをきいてシカは胸《むね》がいたみました。

（やっぱりそうか。こんなつらい思《おも》いをさせるのも、やけどをさせたわたしのせいだ。でも、ここであまい顔《かお》をしては清作《せいさく》はほんとうのいくじなしになってしまう。）

シカはまっすぐに清作《せいさく》を見《み》ていいました。

「くやしいと思《おも》うなら、うんと勉強《べんきょう》してえらい人《ひと》になり、おまえをばかにした子《こ》を見《み》かえしておやり。かあちゃんは学校《がっこう》へ行《い》かなかったので字《じ》をかくこともよむこともできなかった。そんなかあちゃんだってお坊《ぼう》さまにお願《ねが》いして、いろはの字《じ》をかいてもらい、その字《じ》を灰《はい》の上《うえ》に指《ゆび》でかいておぼえたんだよ。手《て》がわるくたって勉強《べんきょう》はできるはずだよ。」

いつにないシカの強《つよ》いことばに清作《せいさく》はびっくりしました。でも、よく考《かんが》えてみればかあちゃんのいうとおりです。からかわれたぐらいでめそめそしていてはえらい人《ひと》にはなれません。

清作《せいさく》が心《こころ》をいれかえ、必死《ひっし》に勉強《べんきょう》したおかげで成績《せいせき》はどんどんよくなり、尋常小学校《じんじょうしょうがっこう》を卒業《そつぎょう》するときはいちばんになっていました。このころは小学校《しょうがっこう》を卒業《そつぎょう》するにも試験《しけん》があり、その試《し》験官《けんかん》としてやってきたのが高等小学校《こうとうしょうがっこう》の小林栄《こばやしさかえ》という先生《せんせい》でした。

小林先生《こばやしせんせい》は頭《あたま》のいい清作《せいさく》をなんとしても高等《こうとう》小学校《しょうがっこう》へ進学《しんがく》させてあげたいと思《おも》いました。でも清作《せいさく》の家《いえ》はあいかわらずまずしく、進学《しんがく》なんてとんでもないことです。そこで小林先生《こばやしせんせい》は自《じ》分《ぶん》の給料《きゅうりょう》から学費《がくひ》をはらうことにして、清作《せいさく》を高等小学校《こうとうしょうがっこう》へ入学《にゅうがく》させました。

高等小学校《こうとうしょうがっこう》も一年生《ねんせい》から四年生《ねんせい》まで、いちばんの成績《せいせき》でとおした清作《せいさく》は、あと半年《はんとし》で卒業《そつぎょう》することになりました。そんなある日《ひ》、小林《こばやし》先生《せんせい》は生徒《せいと》たちに作文《さくぶん》をかかせました。どの作文《さくぶん》も将来《しょうらい》への夢《ゆめ》にあふれていました。ところが学校《がっこう》いちばんの秀才《しゅうさい》である清作《せいさく》の作文《さくぶん》だけはべつでした。

「これまで、先生《せんせい》たちや友《とも》だちに助《たす》けられ、いっしょうけんめい勉強《べんきょう》してきたけれど、この不自由《ふじゆう》な左手《ひだりて》のことを思《おも》うと、絶望的《ぜつぼうてき》になってしまう。ナイフで指《ゆび》を一本《ぽん》ずつきりはなそうとしたこともあったが、それもこわくてできなかった。」

そんなつらい思《おも》いを、ぶちまけるかのようにかきつらねてありました。小林先生《こばやしせんせい》は清作《せいさく》の作文《さくぶん》をよんで胸《むね》がいっぱいになりました。

（なんとかして、あの手《て》をなおしてあげたい。）

小林《こばやし》先生《せんせい》はほかの先生《せんせい》たちにもよびかけ、手術《しゅじゅつ》するためのお金《かね》を集《あつ》めてくれました。手術《しゅじゅつ》は会津若松《あいづわかまつ》の會陽医院《かいよういいん》でうけることになりました。院長《いんちょう》の渡部鼎《わたなべかなえ》という先生《せんせい》はアメリカがえりの評判《ひょうばん》の医者《いしゃ》でした。渡部先生《わたなべせんせい》の手術《しゅじゅつ》によって清作《せいさく》の左手《ひだりて》は、元《もと》どおり指《ゆび》が動《うご》くようになりました。無事《ぶじ》に退院《たいいん》できた清作《せいさく》は、まっ先《さき》に小林先生《こばやしせんせい》のところへ行《い》き、ものをつかめるようになった左手《ひだりて》を見《み》せました。

「先生《せんせい》、ありがとうございました。」

それっきりなにもいえず、あとからあとからなみだがこぼれました。でも、清作《せいさく》は心《こころ》のなかでちかいました。

（おらも医者《いしゃ》になってこまった人《ひと》を助《たす》けてあげたい。）

十六さいで高等小学校《こうとうしょうがっこう》を卒業《そつぎょう》した清作《せいさく》は、會陽医院《かいよういいん》の渡部先生《わたなべせんせい》にたのんで、書生《しょせい》としてはたらかせてもらうことにしました。大学《だいがく》へ行《い》かず、医院《いいん》にすみこみ、家事《かじ》を手伝《てつだ》いながら医者《いしゃ》になろうというのですから、それこそいのちがけで勉強《べんきょう》しなくてはなりません。

がまんと努力《どりょく》、このふたつが清作《せいさく》が自分《じぶん》で決《き》めた約束《やくそく》ごとでした。どんなにつらくてもがまんをし、人一倍《ひといちばい》努力《どりょく》すればかならず成功《せいこう》できると考《かんが》えたのです。その約束《やくそく》ごとをまもりとおしたおかげで、清作《せいさく》は二十さいで、とうとう医者《いしゃ》の資格《しかく》をとることができました。

（しかし、医者《いしゃ》の仕事《しごと》は病人《びょうにん》の治療《ちりょう》をするだけではない。病気《びょうき》の原因《げんいん》や病気《びょうき》を引《ひ》きおこす細菌《さいきん》を調《しら》べるのもたいせつな仕事《しごと》だ。）

そう考《かんが》えた清作《せいさく》は医者《いしゃ》になった翌年《よくとし》、伝染《でんせん》病《びょう》研究所《けんきゅうじょ》の助手《じょしゅ》になり、名前《なまえ》を英世《ひでよ》とあらためました。そして二十三さいのとき、ひとりでアメリカへわたり、ヘビの毒《どく》の研究《けんきゅう》にうちこみました。アメリカでも名前《なまえ》を知《し》られるようになり、できたばかりのロックフェラー研《けん》究所《きゅうしょ》の研究員《けんきゅういん》にむかえられました。

三十四さいのとき、梅毒《ばいどく》という伝染病《でんせんびょう》の病原菌《びょうげんきん》（病気《びょうき》をひきおこす微生物《びせいぶつ》）の培養《ばいよう》に成功《せいこう》した英世《ひでよ》は、その後《ご》も狂犬病《きょうけんびょう》や小児《しょうに》まひなど、数多《かずおお》くの病原菌《びょうげんきん》の研究《けんきゅう》をつづけ、その研究論文《けんきゅうろんぶん》が発表《はっぴょう》されるたび、世界《せかい》の学会《がっかい》から注目《ちゅうもく》されました。

一九一三年《ねん》（大正《たいしょう》二年《ねん》）九月《がつ》、英世《ひでよ》はオーストリアのウィーンでひらかれたドイツ自然《しぜん》科学《かがく》および医学連合大会《いがくれんごうたいかい》にまねかれて講演《こうえん》しました。大会《たいかい》が終《お》わるとヨーロッパ各地《かくち》をまわり、各国《かっこく》の政府《せいふ》や王室《おうしつ》からたいへんな歓迎《かんげい》をうけました。「てんぼう、びんぼう」とからかわれた英世《ひでよ》は、ついに世界《せかい》でも一流《いちりゅう》の細菌学者《さいきんがくしゃ》となったのです。そればかりか、一九一五年《ねん》（大正《たいしょう》四年《ねん》）には日本学士院《にほんがくしいん》から日本《にほん》の学者《がくしゃ》の最高《さいこう》の栄誉《えいよ》である恩賜賞《おんししょう》という賞をもらい、その年《とし》の九月《がつ》、母《はは》にあうため、十五年《ねん》ぶりに日本《にほん》へかえってきました。

世界的《せかいてき》な医学者《いがくしゃ》の野口英世《のぐちひでよ》が帰国《きこく》するというので、大《おお》さわぎになり、横浜《よこはま》の港《みなと》には大《おお》ぜいの人《ひと》が集《あつ》まってきました。そのなかには小林先生《こばやしせんせい》や渡部先生《わたなべせんせい》のすがたもありました。

「ただいま、もどってきました。」

「よく、がんばった。わがことのようにうれしいよ。」

「あなたは日本《にほん》のほこりだ。」

みんなくちぐちに声《こえ》をかけました。英世《ひでよ》はなつかしそうに出《で》むかえの人《ひと》たちと握手《あくしゅ》しました。

でも、だれよりもはやくあいたいのはやっぱり母親《ははおや》です。日本《にほん》にもどって二日後《ふつかご》、やっとふるさとへかえることができました。むかしの家《いえ》と少《すこ》しもかわっていません。

「おっかさん、清作《せいさく》だよ。清作《せいさく》がもどってきたよ。」

英世《ひでよ》は母《はは》を見《み》つけるなり、とびつきました。

「よくもどってきた。よくもどってきた。」

母《はは》も英世《ひでよ》をだきしめました。親子《おやこ》でしっかりだきあったまま、いつまでもはなれようとしません。ふたりの目《め》からは、とめどなく大《おお》つぶのなみだが、こぼれおちていました。

野口英世《のぐちひでよ》ってどんな人《ひと》？

世界《せかい》を代表《だいひょう》する医学者《いがくしゃ》だった野口英世《のぐちひでよ》は、どのような人生《じんせい》を送《おく》ってきたのでしょうか。

おさないころの大《おお》けが

野口英世《のぐちひでよ》は、一八七六年《ねん》（明治《めいじ》九年《ねん》）に福島県《ふくしまけん》三ツ和村《みわむら》（いまの猪苗代町《いなわしろまち》）のまずしい農家《のうか》に生《う》まれました。子《こ》どものころの名前《なまえ》は、「清作《せいさく》」といいました。

一さいのとき、清作《せいさく》はいろりに落《お》ちて左手《ひだりて》にやけどをしてしまいます。このとき、指《ゆび》が内側《うちがわ》に曲《ま》がったまま、くっついてひらかなくなってしまいました。

やがて清作《せいさく》は、村《むら》の小学校《しょうがっこう》に入《はい》りました。まわりの子《こ》どもたちにひらかない左手《ひだりて》のことをからかわれますが、勉強《べんきょう》にはげみ、やがて学年《がくねん》でいちばんの成績《せいせき》となりました。

1876～1928年《ねん》

41さいのころの野口英世《のぐちひでよ》。（国立国会図書館所蔵《こくりつこっかいとしょかんしょぞう》）

進学《しんがく》と手術《しゅじゅつ》

小学校《しょうがっこう》のあと、清作《せいさく》はさらに上《うえ》の高等小学校《こうとうしょうがっこう》をめざします。しかし家《いえ》がまずしく、進学《しんがく》はきびしい状況《じょうきょう》でした。そのとき、高等小学校《こうとうしょうがっこう》の先生《せんせい》だった小林栄《こばやしさかえ》が、清作《せいさく》のすぐれた成績《せいせき》を見《み》て、進学《しんがく》できるように力《ちから》をつくしてくれました。清作《せいさく》は高等小学校《こうとうしょうがっこう》でも熱心《ねっしん》に勉強《べんきょう》し、つねにいちばんの成績《せいせき》でした。

一八九二年《ねん》（明治《めいじ》二十五年《ねん》）、清作《せいさく》は左手《ひだりて》の手術《しゅじゅつ》をうけます。完治《かんち》はしなかったものの、指《ゆび》を動《うご》かせるようになった清作《せいさく》は、自分《じぶん》も医師《いし》になりたいと思《おも》うようになりました。

一八九三年《ねん》（明治《めいじ》二十六年《ねん》）、高等《こうとう》小学校《しょうがっこう》を卒業《そつぎょう》した清作《せいさく》は、左手《ひだりて》の手術《しゅじゅつ》をしてくれた医師《いし》・渡部鼎《わたなべかなえ》のいる會陽《かいよう》医院《いいん》で、はたらきはじめます。語学《ごがく》が得意《とくい》だった清作《せいさく》は、医学《いがく》だけでなく、英語《えいご》、ドイツ語《ご》、フランス語《ご》なども勉強《べんきょう》しました。

清作《せいさく》の左手《ひだりて》を手術《しゅじゅつ》した渡部鼎《わたなべかなえ》。（財団法人《ざいだんほうじん》野口英世記念会所蔵《のぐちひでよきねんかいしょぞう》）

アメリカにたずねてきた志賀潔《しがきよし》(左《ひだり》)と46さいごろの英世《ひでよ》。
(学校法人北里研究所所蔵《がっこうほうじんきたさとけんきゅうしょしょぞう》)

東京《とうきょう》で医師《いし》資格《しかく》を取得《しゅとく》

一八九六年《ねん》（明治《めいじ》二十九年《ねん》）、清作《せいさく》は医師《いし》になるための二つの試験《しけん》（前《ぜん》期《き》・後期《こうき》）をうけるため、東京《とうきょう》に行《い》きます。同年《どうねん》に前期試験《ぜんきしけん》に合格《ごうかく》したあとは、渡部《わたなべ》医師《いし》の友人《ゆうじん》の医師《いし》・血脇守之《ちわきもりの》助《すけ》がいる高山歯科医学院《たかやましかいがくいん》ではたらきます。清作《せいさく》は血脇《ちわき》に助《たす》けられながら勉強《べんきょう》し、翌年《よくとし》の一八九七年《ねん》には、後期試験《こうきしけん》にも合格《ごうかく》しました。

こうして清作《せいさく》は、二十さいという若《わか》さで医師《いし》の資格《しかく》を得《え》ました。しかし、不自由《ふじゆう》な左手《ひだりて》で直接患者《ちょくせつかんじゃ》の命《いのち》をあずかるのはむずかしいと考《かんが》え、患者《かんじゃ》の診察《しんさつ》をする医者《いしゃ》ではなく、病気《びょうき》の原因《げんいん》をさぐる研究医《けんきゅうい》になろうと決意《けつい》します。翌《よく》年《とし》、清作《せいさく》は伝染病研究所《でんせんびょうけんきゅうじょ》（いまの東京《とうきょう》大学医科学研究所《だいがくいかがくけんきゅうじょ》）の助手《じょしゅ》となりました。ここは所長《しょちょう》の北里柴三郎《きたさとしばさぶろう》↓29ページをはじめ、志賀潔《しがきよし》↓29ページなど一流《いちりゅう》の学者《がくしゃ》がいる研究所《けんきゅうじょ》です。また、この年《とし》、名前《なまえ》を「英世《ひでよ》」とあらためました。

アメリカへ

伝染病研究所《でんせんびょうけんきゅうじょ》にいるあいだ、アメリカから来《き》た学者《がくしゃ》の世話《せわ》をしたり、清《しん》（いまの中国《ちゅうごく》）で仕事《しごと》をしたりする機《き》会《かい》のあった英世《ひでよ》は、海外《かいがい》を意識《いしき》するようになります。一九〇〇年《ねん》（明治《めいじ》三十三年《ねん》）、英世《ひでよ》はアメリカのフィラデルフィアにあるペンシルバニア大学《だいがく》に行《い》き、細菌学者《さいきんがくしゃ》のサイモン・フレキスナーの助手《じょしゅ》となりました。以前《いぜん》フレキスナーが来日《らいにち》したときに英世《ひでよ》が通訳《つうやく》をつとめて知《し》りあっていたのです。フレキスナーは英世《ひでよ》に、まずヘビの毒《どく》の研究《けんきゅう》を手伝《てつだ》うようにいいます。それまでヘビの毒《どく》をあつかったことのない英《ひで》世《よ》でしたが、けんめいに研究《けんきゅう》をしました。フレキスナーたちと発表《はっぴょう》した研究《けんきゅう》の成果《せいか》は絶賛《ぜっさん》され、アメリカの医学界《いがくかい》で英世《ひでよ》の名前《なまえ》が広《ひろ》まるきっかけとなりました。

豆《まめ》ちしき

名前《なまえ》を変《か》えた理由《りゆう》

野《の》口清作《ぐちせいさく》は、ねる間《ま》もおしんで勉強《べんきょう》や研究《けんきゅう》にうちこむたいへんな努力《どりょく》家《か》でした。いっぽう、お金《かね》があればすぐにつかってしまい、まわりの人《ひと》に借《しゃっ》金《きん》するくせがありました。

あるとき清作《せいさく》は、当時《とうじ》たいへん人気《にんき》のあった坪内逍遥《つぼうちしょうよう》の『当世書生気質《とうせいしょせいかたぎ》』という本《ほん》を読《よ》みます。主人公《しゅじんこう》は「野々《のの》口精作《ぐちせいさく》」といい、ぐうぜんにも「野口《のぐち》清作《せいさく》」とよく似《に》た名前《なまえ》でした。また、野々口《ののぐち》は遊《あそ》んでお金《かね》をつかいはたしてしまうという人物《じんぶつ》で、その点《てん》も清作《せいさく》にひじょうによく似《に》ていました。おどろいた清作《せいさく》は恩師《おんし》の小林《こばやし》に相談《そうだん》し、新《あたら》しく「英世《ひでよ》」という名前《なまえ》をつけてもらったといわれています。

世界《せかい》の野口英世《のぐちひでよ》

一九〇三年《ねん》（明治《めいじ》三十六年《ねん》）、英世《ひでよ》はデンマークの国立血清研究所《こくりつけっせいけんきゅうじょ》に留学《りゅうがく》します。約《やく》一年後《ねんご》にアメリカにもどり、実業家《じつぎょうか》**ロックフェラー**がたてた、ニューヨークの医学研究所《いがくけんきゅうじょ》でいちばん上《うえ》の助手《じょしゅ》となりました。そこでも英世《ひでよ》は、さまざまな病気《びょうき》の研究《けんきゅう》をおこないました。体力《たいりょく》のゆるすかぎり研究室《けんきゅうしつ》にとどまり、たくさんの実験《じっけん》を正確《せいかく》にすばやくこなしていくそのいきおいに、まわりの人《ひと》びとは英世《ひでよ》を「人間発電機《にんげんはつでんき》」とよんだといいます。

英世《ひでよ》がなかでも熱心《ねっしん》にとりくんだのが、梅毒《ばいどく》の研究《けんきゅう》でした。一九一三年《ねん》（大正《たいしょう》二年《ねん》）、それまでまったくべつの病気《びょうき》だと思《おも》われていた二つの症状《しょうじょう》について調《しら》べたところ、どちらの患者《かんじゃ》の脳《のう》にも梅毒菌《ばいどくきん》がいることが判明《はんめい》したのです。さらに、梅毒《ばいどく》にかかっているかどうかを診断《しんだん》する方法《ほうほう》を見《み》つけました。この発見《はっけん》により、英世《ひでよ》の名前《なまえ》は世界《せかい》に広《ひろ》まりました。

梅毒《ばいどく》の研究成果《けんきゅうせいか》をうけて、英世《ひでよ》はヨーロッパに招待《しょうたい》され、多《おお》くの医学者《いがくしゃ》の前《まえ》で講演《こうえん》をおこないました。こうして英世《ひでよ》は、世界《せかい》を代表《だいひょう》する医学者《いがくしゃ》としてみとめられ、ノーベル賞《しょう》の候補《こうほ》にもなりました。

十五年《ねん》ぶりの帰国《きこく》

日本《にほん》の学界《がっかい》も英世《ひでよ》の功績《こうせき》をみとめ、博士《はかせ》の学位《がくい》をあたえ、表彰《ひょうしょう》しました。また、ロックフェラー研究所《けんきゅうじょ》での地位《ちい》も、助手《じょしゅ》から正式《せいしき》な研究員《けんきゅういん》へとあがりました。

一九一五年《ねん》（大正《たいしょう》四年《ねん》）、英世《ひでよ》は十五年《ねん》ぶりに日本《にほん》に帰国《きこく》します。故郷《こきょう》の人《ひと》びとはよろこんで英世《ひでよ》をむかえました。英世《ひでよ》はいそがしい講演《こうえん》などの合間《あいま》に、母《はは》のシカと恩師《おんし》たちをつれて関西旅行《かんさいりょこう》に行《い》きました。二か月《げつ》の滞在《たいざい》のあと、英世《ひでよ》はふたたびアメリカへと旅立《たびだ》ち、二度《にど》と日本《にほん》に帰《かえ》りませんでした。

1915年《ねん》（大正《たいしょう》４年《ねん》）に帰国《きこく》した英世《ひでよ》（右《みぎ》）と母《はは》シカ（左《ひだり》）。これが英世《ひでよ》の最後《さいご》の帰国《きこく》となった。（財団法人野口英世記念会所蔵《ざいだんほうじんのぐちひでよきねんかいしょぞう》）

黄熱病《おうねつびょう》にいどむ

一九一八年《ねん》（大正《たいしょう》七年《ねん》）、英世《ひでよ》は南《みなみ》アメリカで流行《りゅうこう》していた黄熱病《おうねつびょう》の原因《げんいん》をさぐるために、エクアドルにいきました。エクアドルに着《つ》いて九日目《ここのかめ》、見《み》なれない菌《きん》を見《み》つけ、その菌《きん》を殺《ころ》す薬《くすり》をつくります。この薬《くすり》のおかげで病気《びょうき》になる人《ひと》がへり、英世《ひでよ》は現地《げんち》の人《ひと》びとに感謝《かんしゃ》されました。英世《ひでよ》はエクアドル以外《いがい》にもメキシコ、ペルー、ブラジルなど中南米《ちゅうなんべい》の国《くに》をまわり、黄熱病《おうねつびょう》や土《と》地《ち》の病気《びょうき》の治療《ちりょう》につとめました。

ところがアフリカで、英世《ひでよ》のつくった薬《くすり》のきかない黄熱病《おうねつびょう》がはやりました。一九二七年《ねん》（昭和《しょうわ》二年《ねん》）、英世《ひでよ》は西《にし》アフリカのガーナへ行《い》きますが、研《けん》究《きゅう》のさなか、自身《じしん》が黄熱病《おうねつびょう》にかかってしまいます。英世《ひでよ》はあらかじめ、中南《ちゅうなん》米《べい》で研究《けんきゅう》した黄熱病《おうねつびょう》のワクチンをうってアフリカへ出《で》かけていましたが、病《びょう》状《じょう》はわるくなっていきました。

じつは、英世《ひでよ》がエクアドルで発見《はっけん》したのは黄熱病《おうねつびょう》ではなく、よくにた症状《しょうじょう》の出《で》るべつの病気《びょうき》の病原体《びょうげんたい》だったことが、後年《こうねん》わかっています。英世《ひでよ》の時代《じだい》には、細菌《さいきん》の研究《けんきゅう》や観察《かんさつ》に顕微鏡《けんびきょう》がつかわれていました。しかし、黄熱病《おうねつびょう》の原因《げんいん》は、細菌《さいきん》よりもずっと小《ちい》さなウイルスで、電子顕微鏡《でんしけんびきょう》がなければ発見《はっけん》することができないものでした。

この黄熱病《おうねつびょう》により、一九二八年《ねん》（昭《しょう》和《わ》三年《ねん》）、英世《ひでよ》はガーナのアクラで五十一年《ねん》の生涯《しょうがい》をとじました。

野口英世《のぐちひでよ》のおもな研究《けんきゅう》

英世《ひでよ》は数多《かずおお》くの研究《けんきゅう》を発表《はっぴょう》しました。科学《かがく》の進《しん》歩《ぽ》により、その研究結果《けんきゅうけっか》がまちがいだったとわかったものもありますが、いまでも高《たか》く評価《ひょうか》されている研究《けんきゅう》もあります。

ヘビの毒《どく》の研究《けんきゅう》(1900年《ねん》)

ヘビの毒《どく》がからだに入《はい》ったとき、なにがおこるのかをくわしく調《しら》べた。この研究《けんきゅう》がもとになって、毒《どく》ヘビにかまれたときの治療《ちりょう》につかわれる血清《けっせい》がつくられた。

梅毒《ばいどく》の病原菌《びょうげんきん》の研究《けんきゅう》(1913年《ねん》)

からだが動《うご》かなくなる病気《びょうき》と、目《め》などが見《み》えなくなる病気《びょうき》の原因《げんいん》は、じつは梅毒《ばいどく》というひとつの病原菌《びょうげんきん》で、進行《しんこう》の度合《どあい》によって症状《しょうじょう》がちがうということを発見《はっけん》した。

黄熱病《おうねつびょう》の研究《けんきゅう》(1918年《ねん》)

エクアドルで流行《りゅうこう》していた病気《びょうき》の原因《げんいん》である病原菌《びょうげんきん》を発見《はっけん》、この病気《びょうき》に効《き》くワクチンをつくりだした。後年《こうねん》、英世《ひでよ》がこのとき研究《けんきゅう》したのは、黄熱病《おうねつびょう》によくにた症状《しょうじょう》をおこす、べつの病気《びょうき》だったことがわかった。

バルトネラ菌《きん》の研究《けんきゅう》(1926年《ねん》)

南米《なんべい》に流行《りゅうこう》していた、急《きゅう》に高《たか》い熱《ねつ》がでて死《し》んでしまう病気《びょうき》と、大《おお》きないぼができる病気《びょうき》が、じつは同《おな》じ病原菌《びょうげんきん》によるものであることを発《はっ》見《けん》した。

英世《ひでよ》の研究《けんきゅう》に対《たい》して、フランス、イギリスなど世界中《せかいじゅう》から、数多《かずおお》くの勲章《くんしょう》や記念《きねん》のメダルがおくられた。（財団法人野口英世記念会所蔵《ざいだんほうじんのぐちひでよきねんかいしょぞう》）

野口英世《のぐちひでよ》が生《い》きた 明治《めいじ》・大正《たいしょう》時代《じだい》

明治《めいじ》・大正時代《たいしょうじだい》は日本《にほん》が近代化《きんだいか》に乗《の》りだし、人《ひと》びとの生活《せいかつ》が大《おお》きく変化《へんか》した時代《じだい》でした。

近代化《きんだいか》の波《なみ》

英世《ひでよ》のような科学者《かがくしゃ》が生《う》まれたのは明治時代《めいじじだい》の日本《にほん》が、欧米《おうべい》の国《くに》ぐにに追《お》いつくため、経済《けいざい》を発展《はってん》させて国《くに》の力《ちから》をつけ、軍隊《ぐんたい》を強《つよ》くすることをめざしたことが背景《はいけい》にあります。この政策《せいさく》を、「富国強兵《ふこくきょうへい》」といいます。

具体的《ぐたいてき》には、教育《きょういく》のしくみをととのえる「学制《がくせい》」、満《まん》二十さい以上《いじょう》の男子《だんし》を兵隊《へいたい》としてはたらかせる「徴《ちょう》兵令《へいれい》」、国家財政《こっかざいせい》を安定《あんてい》させるための税制《ぜいせい》「地租改正《ちそかいせい》」です。

この三つの制度《せいど》は明治維新《めいじいしん》の三《さん》大改革《だいかいかく》といわれ、日本の近代化《きんだいか》の基礎《きそ》となりました。

教育《きょういく》の広《ひろ》がり

一八七二年《ねん》（明治五年《めいじねん》）に公布《こうふ》された学制《がくせい》により、小学校《しょうがっこう》から大学《だいがく》までの学校制度《がっこうせいど》が定《さだ》められました。とくに初《しょ》等教育《とうきょういく》は重視《じゅうし》され、六さい以上《いじょう》の男女《だんじょ》すべてが小学校《しょうがっこう》で教育《きょういく》をうけることとなり、全国各地《ぜんこくかくち》に小学校《しょうがっこう》がつくられました。小学校《しょうがっこう》に行《い》く子《こ》どもの割合《わりあい》は、一八九一年《ねん》に五十％をこえ、一九〇七年《ねん》には九十七％に達《たっ》しました。また、中等《ちゅうとう》、高等教育《こうとうきょういく》も充実《じゅうじつ》し、大学《だいがく》などの高等教育機関《こうとうきょういくきかん》もつくられました。外国《がいこく》人教師《じんきょうし》がまねかれるとともに、多《おお》くの学生《がくせい》が欧米《おうべい》に留学《りゅうがく》して、近代的《きんだいてき》な科学《かがく》や技術《ぎじゅつ》を学《まな》びました。女子《じょし》の教育《きょういく》も重《じゅう》視《し》されるようになりました。

こうした教育《きょういく》の広《ひろ》がりのなかで、すぐれた科学者《かがくしゃ》や芸術家《げいじゅつか》が多《おお》くあらわれます。北里柴三郎《きたさとしばさぶろう》29ページや野口英世《のぐちひでよ》などをはじめ、明治時代《めいじじだい》のなかばごろから、日本《にほん》の学者《がくしゃ》による研究《けんきゅう》が国際的《こくさいてき》にみとめられるようになりました。

学制公布《がくせいこうふ》の翌年《よくとし》1873年《ねん》（明治《めいじ》6年《ねん》）に開校《かいこう》された開智学校《かいちがっこう》（長野県松本市《ながのけんまつもとし》）。約《やく》90年間学校《ねんかんがっこう》としてつかわれた。現在《げんざい》は教育博物館《きょういくはくぶつかん》となっている。
（写真提供《しゃしんていきょう》：信州《しんしゅう》・長野県《ながのけん》観光協会《かんこうきょうかい》）

殖産興業《しょくさんこうぎょう》

明治政府《めいじせいふ》は、近代的《きんだいてき》な産業《さんぎょう》によって「富国《ふこく》」を実現《じつげん》させるために、**殖産興業《しょくさんこうぎょう》**を急速《きゅうそく》におしすすめました。大量生《たいりょうせい》産《さん》のための機械《きかい》を外国《がいこく》から買《か》い、外国《がいこく》人《じん》技師《ぎし》をまねき、国《くに》が運営《うんえい》する官営工《かんえいこう》場《じょう》をつくりました。とくに製糸《せいし》、紡績《ぼうせき》などの軽工業《けいこうぎょう》が発展《はってん》し、紡績業《ぼうせきぎょう》では大《だい》工場《こうじょう》が数多《かずおお》くつくられました。一八九七年《ねん》（明治三十年《めいじさんじゅうねん》）には国産《こくさん》の綿糸《めんし》の輸《ゆ》出量《しゅつりょう》が輸入量《ゆにゅうりょう》を上回《うわまわ》り、日露戦争《にちろせんそう》（一九〇四～一九〇五年《ねん》）後《ご》には世界《せかい》最大《さいだい》の輸出国《ゆしゅつこく》となりました。

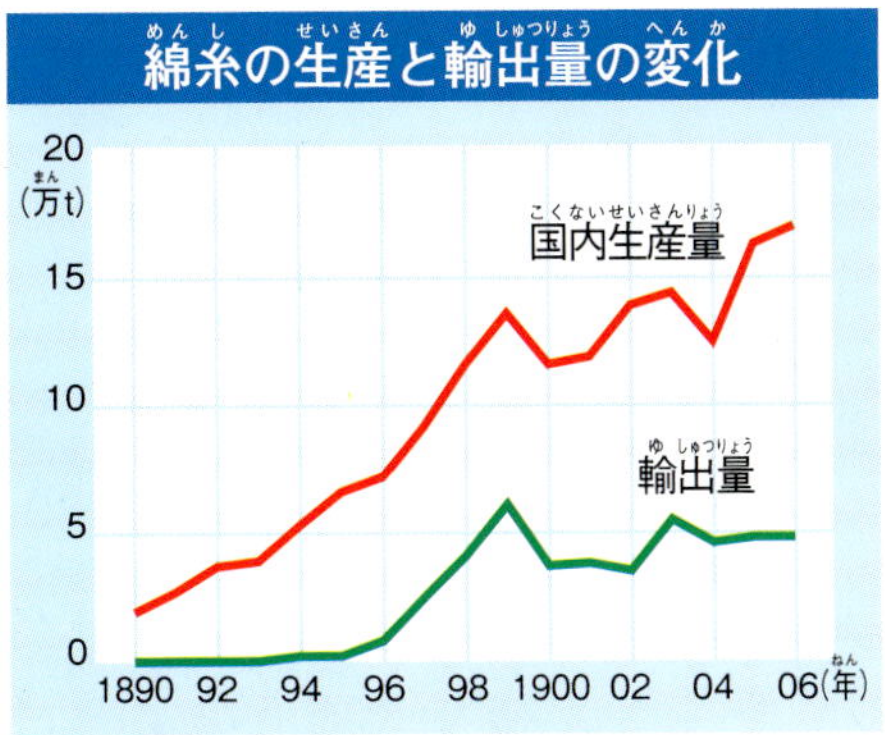

日本製綿糸《にほんせいめんし》の輸出《ゆしゅつ》は1890年《ねん》からはじまり、中国《ちゅうごく》や朝鮮《ちょうせん》などへの輸出量《ゆしゅつりょう》がふえていった。
(参照《さんしょう》:『近現代日本経済史要覧《きんげんだいにほんけいざいしようらん》（補訂版《ほていばん》）』三和《みわ》良一《りょういち》、原朗編《はらあきらへん》　東京大学出版会《とうきょうだいがくしゅっぱんかい》)

発展《はってん》による問題《もんだい》

産業《さんぎょう》がさかんになり、**資本主義《しほんしゅぎ》**が発展《はってん》するとともに、都市《とし》の人《ひと》びとを中心《ちゅうしん》に近代的《きんだいてき》でゆたかな生活《せいかつ》がもたらされました。

発展《はってん》する産業《さんぎょう》をささえたのは労働者《ろうどうしゃ》です。多《おお》くの労働者《ろうどうしゃ》たちは、農村《のうそん》から都市《とし》へ、はたらきに出《で》た人《ひと》びとでした。紡績《ぼうせき》・製糸業《せいしぎょう》の労働者《ろうどうしゃ》の大半《たいはん》は女子《じょし》（**工女《こうじょ》**）で、低《ひく》い賃金《ちんぎん》で十二時間《じかん》以上《いじょう》はたらくというきびしい状況《じょうきょう》におかれていました。男子《だんし》の労働者《ろうどうしゃ》は、多《おお》くが鉱業《こうぎょう》や運輸業《うんゆぎょう》ではたらいていました。労働組合《ろうどうくみあい》がつくられはじめ、労働《ろうどう》条件《じょうけん》の改善《かいぜん》をもとめる動《うご》きがふえると、政府《せいふ》は**工場法《こうじょうほう》**を制定《せいてい》して労働時間《ろうどうじかん》を制限《せいげん》するなどしましたが、紡績業《ぼうせきぎょう》では女子《じょし》の深夜《しんや》労働《ろうどう》がみとめられるなど、徹底《てってい》していませんでした。

また、鉱山《こうざん》などでは公害《こうがい》が発生《はっせい》しました。栃木県《とちぎけん》の足尾銅山《あしおどうざん》は国内《こくない》でもっとも多《おお》く銅《どう》がとれる鉱山《こうざん》でしたが、流《りゅう》出《しゅつ》する鉱毒《こうどく》による水《みず》や大気《たいき》の汚染《おせん》が大《おお》きな問題《もんだい》となりました（**足尾銅山鉱毒《あしおどうざんこうどく》事件《じけん》**）。衆議院議員《しゅうぎいんぎいん》の田中正造《たなかしょうぞう》がこの問題《もんだい》に生涯《しょうがい》を通《つう》じてとりくみました。

工女《こうじょ》がはたらく工場内《こうじょうない》の様子《ようす》。開設《かいせつ》された当時《とうじ》、工女《こうじょ》には士族《しぞく》の家《いえ》のむすめなどが集《あつ》められたが、やがて、まずしい層《そう》のむすめたちにかわった。
(「上州富岡製糸場之図《じょうしゅうとみおかせいしじょうのず》」一曜斎国輝《いちようさいくにてる》　市立岡谷蚕糸博物館所蔵《しりつおかやさんしはくぶつかんしょぞう》)

政府《せいふ》の方針《ほうしん》「殖産興業《しょくさんこうぎょう》」にさからうことになるため、議員《ぎいん》をやめて問題解決《もんだいかいけつ》につくした田中正造《たなかしょうぞう》。
(国立国会図書館所蔵《こくりつこっかいとしょかんしょぞう》)

社会意識《しゃかいいしき》の高《たか》まり

大正時代《たいしょうじだい》に入《はい》ると、第《だい》一次《じ》世界大戦《せかいたいせん》やロシア革命《かくめい》などの影響《えいきょう》を受《う》け、社会《しゃかい》制度《せいど》についての日本人《にほんじん》の意識《いしき》が高《たか》まります。

第《だい》一次《じ》世界大戦《せかいたいせん》の影響《えいきょう》で、日本《にほん》の輸《ゆ》出《しゅつ》がふえて景気《けいき》がよくなりましたが、戦争《せんそう》の終《お》わりごろから米《こめ》の値段《ねだん》が急《きゅう》に高《たか》くなりました。そのため、日本各地《にほんかくち》で米《こめ》の値下《ねさ》げをもとめる運動《うんどう》（米騒《こめそう》動《どう》）が発生《はっせい》しました。労働者《ろうどうしゃ》の生活《せいかつ》を守《まも》るための運動《うんどう》や、小作料《こさくりょう》の引《ひ》き下《さ》げをもとめる農民運動《のうみんうんどう》もおこりました。

また、参政権運動《さんせいけんうんどう》もおこりました。選挙制度《せんきょせいど》は一八八九年《ねん》（明治《めいじ》二十二年《ねん》）にはじまりましたが、選挙権《せんきょけん》があったのは、一定以上《いっていいじょう》の税金《ぜいきん》をはらっている二十五さい以上《いじょう》の男子《だんし》だけで、当時《とうじ》の人口《じんこう》の約《やく》一%でした。納税額《のうぜいがく》による選挙権《せんきょけん》の制限《せいげん》をなくそうという運《うん》動《どう》が広《ひろ》くおこなわれた結果《けっか》、一九二五年《ねん》（大正《たいしょう》十四年《ねん》）になってようやく納《のう》税額《ぜいがく》に関係《かんけい》なく、すべての二十五さい以上《いじょう》の男子《だんし》に選挙権《せんきょけん》が与《あた》えられます。それでも全人口《ぜんじんこう》の二十%に過《す》ぎませんでした。

富山県《とやまけん》からはじまった米騒動《こめそうどう》。神戸《こうべ》では米《こめ》を買《か》いしめたとうわさされた商社《しょうしゃ》が民衆《みんしゅう》におそわれて、焼《や》きうちにあった。写真《しゃしん》はその焼《や》けあと。

普通選挙《ふつうせんきょ》への歩《あゆ》み

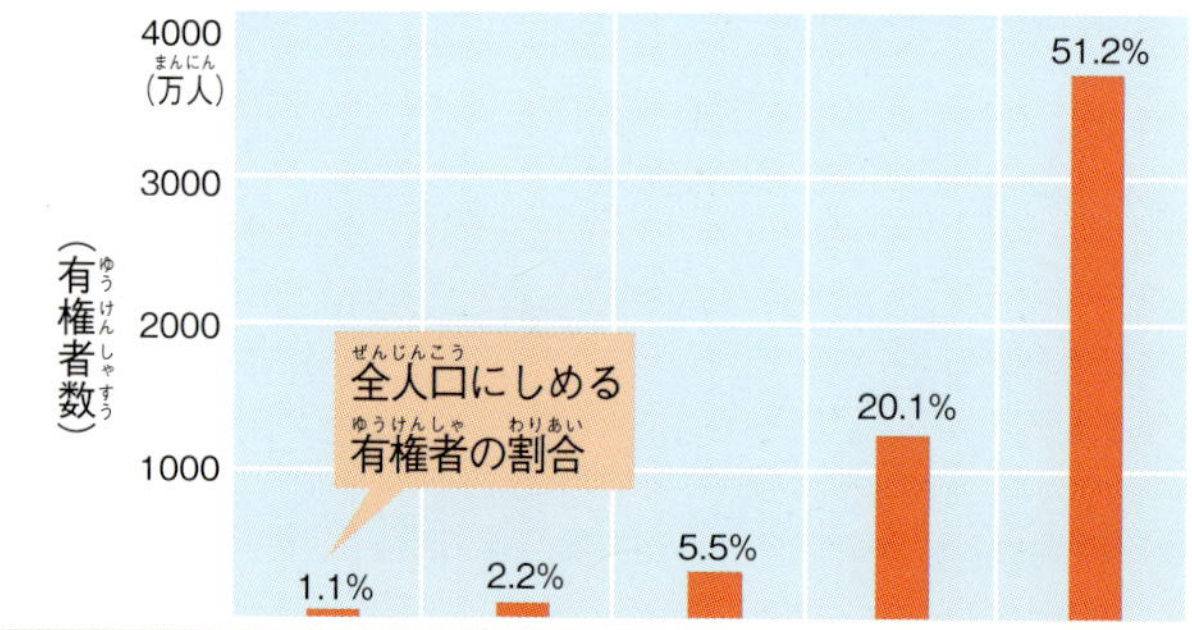

法改正年《ほうかいせいねん》	1889	1900	1919	1925	1945
実施年《じっしねん》	1890	1902	1920	1928	1946
年齢《ねんれい》(以上《いじょう》)	男《おとこ》25	男《おとこ》25	男《おとこ》25	男《おとこ》25	男女《だんじょ》20
直接国税《ちょくせつこくぜい》(円《えん》)	15	10	3	普通選挙《ふつうせんきょ》	

「平等《びょうどう》」のためにたたかった人《ひと》びと

平塚《ひらつか》らいてうや市川房枝《いちかわふさえ》らは、女性《じょせい》差別《さべつ》をなくすために新婦人協会《しんふじんきょうかい》を設立《せつりつ》します。選挙権《せんきょけん》などの権利《けんり》の獲得《かくとく》など、女性《じょせい》の地位《ちい》の向上《こうじょう》をめざして運動《うんどう》しました。

女性《じょせい》にも男性《だんせい》と同《おな》じく選挙権《せんきょけん》が与《あた》えられるようになったのは、第《だい》二次《じ》世界《せかい》大戦《たいせん》（一九三九〜一九四五年《ねん》）が終《お》わってからのことです。

また、明治時代《めいじじだい》に入《はい》って身分制度《みぶんせいど》があらためられ、すべての国民《こくみん》は平等《びょうどう》であるとされましたが、差別《さべつ》に苦《くる》しむ人《ひと》はいぜんとしていました。こうした人《ひと》びとは全国水平社《ぜんこくすいへいしゃ》をつくり、差別《さべつ》をなくす運動《うんどう》に立《た》ちあがりました。

大正《たいしょう》・昭和《しょうわ》をとおして、平塚《ひらつか》らいてうとともに、婦人参政権《ふじんさんせいけん》をもとめる運動《うんどう》をつづけた市川房枝《いちかわふさえ》。
（財団法人市川房枝記念会《ざいだんほうじんいちかわふさえきねんかい》女性《じょせい》と政治《せいじ》センター所蔵《しょぞう》）

大阪《おおさか》で開《ひら》かれた全国水平社第《ぜんこくすいへいしゃだい》４回大会《かいたいかい》。取材《しゅざい》・報道陣《ほうどうじん》がつめかけ、社会《しゃかい》の注目《ちゅうもく》を集《あつ》めた。
（『写真記録《しゃしんきろく》　全国水平社《ぜんこくすいへいしゃ》』解放出版刊《かいほうしゅっぱんかん》より）

野口英世《のぐちひでよ》とおなじ時代《じだい》を生《い》きた人《ひと》びと

北里柴三郎《きたさとしばさぶろう》（一八五二〜一九三一年《ねん》）

肥後国《ひごのくに》（熊本県《くまもとけん》）出身《しゅっしん》の細菌学者《さいきんがくしゃ》。ドイツでコッホに細菌学《さいきんがく》を学《まな》ぶ。破傷風《はしょうふう》の治療法《ちりょうほう》を発見《はっけん》し、日本《にほん》の医学《いがく》が世界《せかい》にみとめられるきっかけとなった。伝染病研究所初代所長《でんせんびょうけんきゅうじょしょだいしょちょう》、のちに北里研究所《きたさとけんきゅうしょ》を創立《そうりつ》。伝染病《でんせんびょう》の予防《よぼう》にとりくむとともに、若《わか》い医師《いし》を育《そだ》てた。

世界《せかい》ではじめて血清療法《けっせいりょうほう》を発見《はっけん》した北里柴三郎《きたさとしばさぶろう》。
（学校法人北里研究所所蔵《がっこうほうじんきたさとけんきゅうしょしょぞう》）

志賀潔《しがきよし》（一八七〇〜一九五七年《ねん》）

陸前国《りくぜんのくに》（宮城県《みやぎけん》）出身《しゅっしん》の細菌学者《さいきんがくしゃ》。伝染病研究所《でんせんびょうけんきゅうじょ》で北里柴三郎《きたさとしばさぶろう》から細菌学《さいきんがく》を学《まな》ぶ。当時《とうじ》、日本《にほん》で流行《りゅうこう》し、多《おお》くの人《ひと》がなくなった赤痢《せきり》の病原体《びょうげんたい》である赤痢菌《せきりきん》を、世界《せかい》ではじめて発見《はっけん》した。

赤痢菌《せきりきん》の学名《がくめい》shigella《シゲラ》は志賀《しが》の研究《けんきゅう》を記念《きねん》して、その名《な》がつけられた。（学校法人北里研究所所蔵《がっこうほうじんきたさとけんきゅうしょしょぞう》）

渋沢栄一《しぶさわえいいち》（一八四〇〜一九三一年《ねん》）

武蔵国《むさしのくに》（埼玉県《さいたまけん》）出身《しゅっしん》の実業家《じつぎょうか》。明治維新後《めいじいしんご》に大蔵省《おおくらしょう》につとめ、財政《ざいせい》の整備《せいび》をおこなう。富岡製糸場《とみおかせいしじょう》の建設《けんせつ》をはじめ、多《おお》くの企業《きぎょう》を設立《せつりつ》し、日本《にほん》の経済《けいざい》の発展《はってん》に力《ちから》をつくした。

社会活動《しゃかいかつどう》や教育《きょういく》にも熱心《ねっしん》で多《おお》くの病院《びょういん》・学校《がっこう》をたてた。
（国立国会図書館所蔵《こくりつこっかいとしょかんしょぞう》）

もっと知《し》りたい！ 野口英世《のぐちひでよ》

野口英世《のぐちひでよ》ゆかりの場所《ばしょ》、明治《めいじ》・大正時代《たいしょうじだい》のことがわかる博物館《はくぶつかん》、野口英世《のぐちひでよ》についてかかれた本《ほん》などを紹介《しょうかい》します。

資料館《しりょうかん》 博物館《はくぶつかん》

史跡《しせき》 遺跡《いせき》

野口英世《のぐちひでよ》についてかかれた本《ほん》

野口英世記念館《のぐちひでよきねんかん》

英世《ひでよ》の生《う》まれた家《いえ》を中心《ちゅうしん》にして建《た》てられた記念館《きねんかん》。英世《ひでよ》が落《お》ちたいろりや、東京《とうきょう》に行《い》く前《まえ》に柱《はしら》にきざんだ決意《けつい》のことばなどを見《み》ることができる。そのほか、英世《ひでよ》の遺《い》品《ひん》、参考資料《さんこうしりょう》を展示《てんじ》している。

記念館全体《きねんかんぜんたい》が英世《ひでよ》の生家《せいか》をおおうように建《た》つ。英世《ひでよ》が落《お》ちたいろりも保存《ほぞん》されている。(写真提供《しゃしんていきょう》：財団法人野口英世記念会《ざいだんほうじんのぐちひでよきねんかい》)

〒969-3284
福島県耶麻郡猪苗代町大字三ツ和《ふくしまけんやまぐんいなわしろまちおおあざみつわ》字前田《あざまえだ》81
☎0242-65-2319
http://www.noguchihideyo.or.jp/

「志《こころざし》を得《え》ざれば再《ふたた》び此地《このち》を踏《ふ》まず」と刻《きざ》まれた生家《せいか》の柱《はしら》。(写真提供《しゃしんていきょう》：財団法人野口英世記念会《ざいだんほうじんのぐちひでよきねんかい》)

野口英世青春館《のぐちひでよせいしゅんかん》

英世《ひでよ》が左手《ひだりて》の手術《しゅじゅつ》をした會陽医院《かいよういいん》の跡地《あとち》。一階《かい》は喫茶店《きっさてん》、英世《ひでよ》が勉強《べんきょう》していた二階《かい》の部屋《へや》は資料館《しりょうかん》となっている。

〒965-0878
福島県会津若松市中町《ふくしまけんあいづわかまつしなかまち》4-18
☎0242-27-3750
http://www.uyou.gr.jp/aizu-ichibankan/

当時《とうじ》のままの建物《たてもの》。「會陽医院《かいよういいん》」の額《がく》ものこっている。
(写真提供《しゃしんていきょう》：野口英世青春館《のぐちひでよせいしゅんかん》)

長浜野口記念公園《ながはまのぐちきねんこうえん》

英世《ひでよ》が一八九九年《ねん》に検疫《けんえき》の仕事《しごと》をしていた建物《たてもの》「旧細菌検査室《きゅうさいきんけんさしつ》」が残《のこ》されている。

〒236-0011
神奈川県横浜市金沢区長浜《かながわけんよこはましかなざわくながはま》114-4
☎045-782-7371
http://www.nagahama-hall.com/saikinkensasitsu.html

「横浜検疫所長浜措置場《よこはまけんえきしょながはまそちじょう》」の事務棟《じむとう》を外観復元《がいかんふくげん》し、英世《ひでよ》が勤務《きんむ》した細菌検査室《さいきんけんさしつ》を保存《ほぞん》している。当時《とうじ》の器具《きぐ》も見学《けんがく》できる。(写真提供《しゃしんていきょう》：横浜市長浜《よこはましながはま》ホール)

『子《こ》どもの伝記《でんき》1　野口英世《のぐちひでよ》』

文《ぶん》／浜野卓也《はまのたくや》
ポプラ社《しゃ》　2009年《ねん》

物語《ものがたり》で英世《ひでよ》の一生《いっしょう》をたどり、資料《しりょう》ページでは写真《しゃしん》・手紙《てがみ》などの資料《しりょう》から英世《ひでよ》の人物《じんぶつ》像《ぞう》にせまる。

さくいん・用語《ようご》解説《かいせつ》

足尾銅山鉱毒事件《あしおどうざんこうどくじけん》……27

▼日本初《にほんはつ》の公害事件《こうがいじけん》。栃木県《とちぎけん》と群馬県《ぐんまけん》をながれる渡良瀬川《わたらせがわ》のまわりの土《つち》や水《みず》が、掘《ほ》り出《だ》された銅《どう》を精製《せいせい》するときにでる鉱毒《こうどく》ガスなどでよごされ、人《ひと》の健康《けんこう》や作物《さくもつ》に大《おお》きな被害《ひがい》がでた。

アフリカ……25

市川房枝《いちかわふさえ》……28、29

ウイルス……25

運輸業《うんゆぎょう》……27

エクアドル……25

黄熱病《おうねつびょう》……25

ガーナ……25

會陽医院《かいよういいん》……22

学制《がくせい》……26

北里柴三郎《きたさとしばさぶろう》……23、26、29

鉱業《こうぎょう》……27

工女《こうじょ》……27

▼工場《こうじょう》で作業《さぎょう》のためにやとわれて、はたらく女性《じょせい》のこと。女工《じょこう》ともいう。

工場法《こうじょうほう》……27

▼工場《こうじょう》ではたらく子《こ》どもや女性《じょせい》の労働《ろうどう》者《しゃ》を、長時間《ちょうじかん》の労働《ろうどう》や深夜《しんや》の労働《ろうどう》から守《まも》るためにつくられた法律《ほうりつ》。日本《にほん》では一九一六年《ねん》（大正《たいしょう》五年《ねん》）に施行《しこう》。

小林栄《こばやしさかえ》……22、23

米騒動《こめそうどう》……28

細菌《さいきん》……25

志賀潔《しがきよし》……23、29

渋沢栄一《しぶさわえいいち》……29

資本主義《しほんしゅぎ》……27

▼経済《けいざい》の種類《しゅるい》のひとつで、お金《かね》をもうけた人《ひと》は、もうけただけお金《かね》をもらえるきまり。反対《はんたい》のことばは共産主義《きょうさんしゅぎ》で、みんなでもうけて、みんなでわける。

殖産興業《しょくさんこうぎょう》……27

▼生産《せいさん》をふやし、産業《さんぎょう》をさかんにすること。

清《しん》（中国《ちゅうごく》）……23

新婦人協会《しんふじんきょうかい》……28

選挙権《せんきょけん》……28、29

全国水平社《ぜんこくすいへいしゃ》……29

▼一九二二年《ねん》（大正《たいしょう》十一年《ねん》）に結成《けっせい》された運動団体《うんどうだんたい》。世《よ》の中《なか》から差別《さべつ》をなくすことをめざしている。

第一次世界大戦《だいいちじせかいたいせん》……28

田中正造《たなかしょうぞう》……27

地租改正《ちそかいせい》……26

徴兵令《ちょうへいれい》……26

血脇守之助《ちわきもりのすけ》……23

坪内逍遥《つぼうちしょうよう》……23

伝染病研究所《でんせんびょうけんきゅうじょ》……23、29

『当世書生気質《とうせいしょせいかたぎ》』……23

富岡製糸場《とみおかせいしじょう》……27、29

ノーベル賞《しょう》……24

梅毒《ばいどく》……24、25

バルトネラ菌《きん》……25

平塚《ひらつか》らいてう《ちょ》……28

富国強兵《ふこくきょうへい》……26

ブラジル……25

フレキスナー……23

ヘビの毒《どく》……23、25

ペルー……25

メキシコ……25

ロシア革命《かくめい》……28

ロックフェラー……24

▼石油《せきゆ》で財産《ざいさん》をつくったアメリカの大《だい》富豪一家《ふごういっか》。大統領《だいとうりょう》や議員《ぎいん》などの政治《せいじ》家《か》や、銀行家《ぎんこうか》などもでている。文化《ぶんか》をささえることにも熱心《ねっしん》で、医学研《いがくけん》究《きゅう》センターなどもつくった。

渡部鼎《わたなべかなえ》……22、23

■監修

安田　常雄（やすだ　つねお）

1946年東京都生まれ。東京大学大学院博士課程単位取得。経済学博士。現在、国立歴史民俗博物館特別客員教授。歴史学研究会、同時代史学会などの会員。『日本ファシズムと民衆運動』（れんが書房新社）、『戦後経験を生きる』（共編、吉川弘文館）、『日本史講座（10）戦後日本論』（共編、東京大学出版会）など著書多数。

■文（2〜21ページ）

西本　鶏介（にしもと　けいすけ）

1934年奈良県生まれ。評論家・民話研究家・童話作家として幅広く活躍する。昭和女子大学名誉教授。各ジャンルにわたって著書は多いが、伝記に『心を育てる偉人のお話』全3巻、『徳川家康』、『武田信玄』、『源義経』、『独眼竜政宗』（ポプラ社）、『大石内蔵助』、『宮沢賢治』、『夏目漱石』、『石川啄木』（講談社）などがある。

■絵

たごもり　のりこ

1972年東京都生まれ。骨董屋を経て、絵本作家・イラストレーターになる。絵本に『ばけばけ町へおひっこし』（岩崎書店）、挿絵に『狂言えほん　そらうで』（講談社）、『どうぶつどどいつドーナッツ』（鈴木出版）、「なにわのでっちこまめどん」シリーズ、『うらやましやゆうれい』（佼成出版社）など多数。

■主な参考図書

『歴史を生きた78人　人物アルバム5　未知の世界にいどんだ人たち』編著／美田健一郎　PHP研究所　1992年
『正伝　野口英世』著／北 篤　毎日新聞社　2003年
『野口英世』著／井出孫六　岩波ジュニア新書　2004年

企画・編集　こどもくらぶ
装丁・デザイン　長江　知子
D　T　P　株式会社エヌ・アンド・エス企画

よんで しらべて 時代がわかる　ミネルヴァ日本歴史人物伝
野口英世
——世界にはばたいた細菌学者——

2012年3月10日　初版第1刷発行　検印廃止

定価はカバーに
表示しています

監修者　安田常雄
文　西本鶏介
絵　たごもりのりこ
発行者　杉田啓三
印刷者　金子眞吾

発行所　株式会社　ミネルヴァ書房
607-8494　京都市山科区日ノ岡堤谷町1
電話 075-581-5191／振替 01020-0-8076

印刷・製本　凸版印刷株式会社

ISBN978-4-623-06193-8
NDC281/32P/27cm
Printed in Japan

よんでしらべて 時代がわかる
ミネルヴァ 日本歴史人物伝

卑弥呼《ひみこ》
監修 山岸良二　文 西本鶏介　絵 宮嶋友美

聖徳太子《しょうとくたいし》
監修 山岸良二　文 西本鶏介　絵 たごもりのりこ

中大兄皇子《なかのおおえのおうじ》
監修 山岸良二　文 西本鶏介　絵 山中桃子

聖武天皇《しょうむてんのう》
監修 山岸良二　文 西本鶏介　絵 きむらゆういち

紫式部《むらさきしきぶ》
監修 朧谷寿　文 西本鶏介　絵 青山友美

平清盛《たいらのきよもり》
監修 木村茂光　文 西本鶏介　絵 きむらゆういち

源頼朝《みなもとのよりとも》
監修 木村茂光　文 西本鶏介　絵 野村たかあき

足利義満《あしかがよしみつ》
監修 木村茂光　文 西本鶏介　絵 宮嶋友美

雪舟《せっしゅう》
監修 木村茂光　文 西本鶏介　絵 広瀬克也

織田信長《おだのぶなが》
監修 小和田哲男　文 西本鶏介　絵 広瀬克也

豊臣秀吉《とよとみひでよし》
監修 小和田哲男　文 西本鶏介　絵 青山邦彦

徳川家康《とくがわいえやす》
監修 大石学　文 西本鶏介　絵 宮嶋友美

春日局《かすがのつぼね》
監修 大石学　文 西本鶏介　絵 狩野富貴子

杉田玄白《すぎたげんぱく》
監修 大石学　文 西本鶏介　絵 青山邦彦

伊能忠敬《いのうただたか》
監修 大石学　文 西本鶏介　絵 青山邦彦

歌川広重《うたがわひろしげ》
監修 大石学　文 西本鶏介　絵 野村たかあき

坂本龍馬《さかもとりょうま》
監修 大石学　文 西本鶏介　絵 野村たかあき

西郷隆盛《さいごうたかもり》
監修 大石学　文 西本鶏介　絵 野村たかあき

福沢諭吉《ふくざわゆきち》
監修 安田常雄　文 西本鶏介　絵 たごもりのりこ

伊藤博文《いとうひろぶみ》
監修 安田常雄　文 西本鶏介　絵 おくやまひでとし

板垣退助《いたがきたいすけ》
監修 安田常雄　文 西本鶏介　絵 青山邦彦

与謝野晶子《よさのあきこ》
監修 安田常雄　文 西本鶏介　絵 宮嶋友美

野口英世《のぐちひでよ》
監修 安田常雄　文 西本鶏介　絵 たごもりのりこ

宮沢賢治《みやざわけんじ》
文 西本鶏介　絵 黒井健

27cm　32ページ　NDC281　オールカラー
小学校低学年～中学生向き

日《に》本《ほん》の歴《れき》史《し》年《ねん》表《ぴょう》

時代《じだい》	年《ねん》	できごと	このシリーズに出《で》てくる人物《じんぶつ》
旧石器時代《きゅうせっきじだい》	四〇〇万年前《まんねんまえ》～	採集《さいしゅう》や狩《か》りによって生活《せいかつ》する	
縄文時代《じょうもんじだい》	一三〇〇〇年前《ねんまえ》～	縄文土器《じょうもんどき》がつくられる	
弥生時代《やよいじだい》	前《ぜん》四〇〇年《ねん》ごろ～	稲作《いなさく》、金属器《きんぞくき》の使用《しよう》がさかんになる 小《ちい》さな国《くに》があちこちにできはじめる	卑弥呼《ひみこ》
古墳時代《こふんじだい》	二五〇年ごろ～	大和朝廷《やまとちょうてい》の国土統一《こくどとういつ》が進《すす》む	
飛鳥時代《あすかじだい》	五九三	聖徳太子《しょうとくたいし》が摂政《せっしょう》となる	聖徳太子《しょうとくたいし》
	六〇七	小野妹子《おののいもこ》を隋《ずい》におくる	
	六四五	大化《たいか》の改新《かいしん》	中大兄皇子《なかのおおえのおうじ》
	七〇一	大宝律令《たいほうりつりょう》ができる	
奈良時代《ならじだい》	七一〇	都《みやこ》を奈良《なら》（平城京《へいじょうきょう》）にうつす	
	七五二	東大寺《とうだいじ》の大仏《だいぶつ》ができる	聖武天皇《しょうむてんのう》
平安時代《へいあんじだい》	七九四	都《みやこ》を京都《きょうと》（平安京《へいあんきょう》）にうつす	
		藤原氏《ふじわらし》がさかえる	
		『源氏物語《げんじものがたり》』ができる	紫式部《むらさきしきぶ》
	一一六七	平清盛《たいらのきよもり》が太政大臣《だいじょうだいじん》となる	平清盛《たいらのきよもり》
	一一八五	源氏《げんじ》が平氏《へいし》をほろぼす	
鎌倉時代《かまくらじだい》	一一九二	源頼朝《みなもとのよりとも》が征夷大将軍《せいいたいしょうぐん》となる	源頼朝《みなもとのよりとも》
	一二七四	元《げん》がせめてくる	
	一二八一	元《げん》がふたたびせめてくる	
	一三三三	鎌倉幕府《かまくらばくふ》がほろびる	
南北朝時代《なんぼくちょうじだい》	一三三六	朝廷《ちょうてい》が南朝《なんちょう》と北朝《ほくちょう》にわかれ対立《たいりつ》する	
	一三三八	足利尊氏《あしかがたかうじ》が征夷大将軍《せいいたいしょうぐん》となる	
	一三九二	南朝《なんちょう》と北朝《ほくちょう》がひとつになる	足利義満《あしかがよしみつ》